JN431735

어린이와 함께하는 Kids Together 성경공부

본 교재는 교회와 가정을 연결하는 아동부 교육목회 해피투게더의 어린이 성경공부 부분으로,
어린이들이 말씀중심으로 다양한 신앙의 주제를 배울 수 있는 성경교재입니다.

어린이와 함께하는

Kids Together

성경공부 2-2

발행일 | 2012년 7월 2일

발행인 | 양금희
편집인 | 이지영, 김은식
디자인 | 류선미, 박지원
발행처 | 장로회신학대학교 기독교교육연구원
주소 | (143-756) 서울시 광진구 광장로 5길 25-1 (광장동 353)
전화 | 02)450-5424~5
팩스 | 02)458-4613
홈페이지 | www.ceri.co.kr

에듀랜드 Eduland | 에듀랜드는 Education, Land의 합성어로 '교회교육이 숨쉬는 땅'을 표현하는 기독교교육연구원의 상징입니다.

차례

일러두기

쏘옥! 말씀 이야기

어린이가 쉽게 이해할 수 있는 성경메시지를
어린이들과 함께 읽습니다.

아하! 나는 성경박사!

본문의 핵심 내용에 대한 질문을 나누고 대답합니다.

꼬마 말씀사전

본문에 나오는 용어, 지명, 인물 등에 대한
설명을 듣고 이해합니다.

가자, 세상으로!

배운 말씀을 어린이의 생활 속에 담습니다.

말씀을 생각하며 기도해요

오늘의 말씀을 생각하며 결단의 기도를 드립니다.

말씀

하나님의 말씀
(출애굽기 33:11, 디모데후서 3:16~17)

쏘옥! 말씀 이야기

물에서 건져낸 아이, 모세는 애굽 공주의 아들로 왕궁에서 자랐어요. 그러던 중 모세는 죄를 짓고 바로왕의 눈을 피해 도망 다니게 되었지요. 어느 날 모세는 **호렙산**에서 하나님의 말씀을 듣게 됩니다.
"너는 가서 내 백성을 애굽에서 이끌어 내가 약속한 땅으로 가거라!"
모세는 하나님의 말씀대로 애굽으로 가서 바로왕에게 하나님의 말씀을 전했어요. 이스라엘 백성을 놓아주라는 하나님의 말씀을 전했지만 바로왕은 들은 척도 하지 않았어요. 오히려 이스라엘 백성들을 더 괴롭혔지요. 하나님은 모세에게 또 말씀하셨어요. "내가 강한 손으로 일하는 것을 보아라."
하나님의 말씀대로 애굽에는 **열 가지 재앙**이 내려졌고, 결국 바로왕은 이스라엘 백성들을 놓아주었어요. 이스라엘 백성들은 고통 받던 땅 애굽에서 탈출하게 되었어요. 그러나 탈출의 기쁨도 잠시, 이스라엘 사람들 앞에 거대한 홍해가 가로막고 있었어요. 이스라엘 백성들이 또다시 좌절하려고 할 때 하나님은 다시 모세에게 말씀하셨어요.
"지팡이를 들고 손을 바다 위로 내밀어 바다를 갈라지게 하여라."
놀랍게도 하나님의 말씀대로 바다가 갈라졌고 이스라엘 백성은 마른 땅으로 건널 수 있게 되었어요. 이처럼 하나님께서는 모세에게 친구처럼 말씀하셨고, 모세는 하나님의 말씀에 따라 이스라엘 백성을 인도했답니다. 모세에게 말씀하셨던 하나님은 오늘 우리에게 성경을 통해 말씀하고 계십니다. 성경은 하나님의 감동으로 된 것으로 그것은 하나님의 말씀입니다!

아하! 나는 성경박사!

1 하나님은 모세에게 말씀하셨어요. 모세에게 어떤 말씀을 하셨는지, 해당하는 말풍선에 들어갈 말을 위의 본문에서 찾아서 적어 보세요.

2 모세에게 친구처럼 하나님의 이야기를 들려주시는 하나님은 오늘날 우리에게 무엇을 통해 말씀하시나요? 다음의 빈칸에 들어갈 말을 적어 보세요.

모든 ○○은 하나님의 감동으로 된 것으로 교훈과 책망과 바르게 함과 의로 교육하기에 유익하니 (디모데후서 3:16)

꼬마 말씀사전

호렙산 : 성스러운 산(Holy Mountain)이라고도 불리는 산으로, 일찍부터 '여호와의 산' 으로 불렸습니다. 미디안 광야에서 양을 치던 모세가 이 산에 올라가서, 불 속에서도 타지 않는 떨기나무 가운데서 하나님의 음성을 듣게 되지요. 또한 그 후 모세는 다시 이 산에서 십계명을 받기도 하지요.

열 가지 재앙 : 바로왕이 이스라엘 백성을 놓아주지 않고 더욱 괴롭히자 하나님께서 애굽에 내리신 10가지 재앙을 말해요. 피, 개구리, 이, 파리, 악질, 독종, 우박, 메뚜기, 흑암, 장자의 죽음 이렇게 10가지의 재앙들이 애굽에 내려졌고, 10번째 '장자의 죽음' 재앙 이후 바로왕은 이스라엘 백성들을 놓아주게 되지요.

가자, 세상으로!

1 성경은 하나님의 감동으로 쓰여진 하나님의 말씀이 담겨 있는 책입니다. 재미있는 성경퍼즐 게임을 통해 하나님의 말씀인 성경과 친해져 볼까요? 둘씩 짝을 지어 퍼즐을 완성해보세요.

1 성	A		2	B 강			8	린	F
	건			3	행	E			
C						드			
혜						6	G		
4		해	D				라		
		5	강				7	마	

〈가로열쇠〉

1. 거룩한 하나님의 말씀을 기록한 책들을 말한다. (딤후 3:16)
2. 다윗은 하나님께 이것을 회복시켜달라고 기도했다. (시 39:13)
3. 젖먹이에게 걸음을 익히게 하려고 태우는, 바퀴가 달린 기구
4. 사랑하는 마음을 고백할 때 하는 말
5. "네 이마로 화석보다 굳은 ○○○ 같이 하였으니" (겔 3:9)
6. 마음씨가 따뜻하고 부드러움, 성령의 9가지 열매중 하나 (갈 5:23)
7. 신약성경의 6번째 책이름
8. 대개 4, 5세부터 초등학생까지의 아이를 이르는 말

〈세로열쇠〉

A. 하나님의 거룩한 성품을 닮는 것(딤전 4:7)
B. 아기를 업거나 쌀 때 쓰는 보자기(눅 2:7)
C. 성령을 지칭하는 말. 위로자, 친구라는 뜻이다. (요 14:16,26)
D. 예수님이 세례요한에게 세례를 받으신 강 이름(마 3:6)
E. 300명의 용사로 미디안을 물리친 사사의 이름(삿 7:15)
F. 잘 때 몸을 덮는 것. "내 침상에는 요와 애굽의 무늬 있는 ○○을 폈고…" (잠 7:16)
G. 바울이 로마로 압송되는 중 바다에서 만난 폭풍의 이름 (행 27:14)

말씀을 생각하며 기도해요

우리에게 말씀하시는 하나님, 모세에게 친구처럼 하나님의 말씀을 들려주셨듯이, 우리도 성경을 통해 우리에게 말씀하시는 하나님을 만날 수 있도록 함께해 주세요. 말씀을 읽을 때 깨닫게 해주시고, 그 말씀대로 살아갈 수 있게 해주세요. 예수님의 이름으로 기도합니다. 아멘.

말씀

깨닫게 하는 하나님의 말씀
(느헤미야 8:8~9, 히브리서 4:12)

쏘옥! 말씀 이야기

기나 긴 포로 생활, 이스라엘 백성들이 하나님을 예배하던 예루살렘 성전과 성벽이 불타서 무너져 있었어요. "흑흑흑, 하나님, 이스라엘을 돌보아주세요" 이스라엘의 지도자 **느헤미야**는 울며 기도했어요. 그리고 하나님의 성전과 성벽을 다시 쌓기 위해 노력했어요. 이 모습을 보고 이웃 족속들은 방해하고 비웃었지요. 하지만 하나님께서 함께 해주셔서 52일 만에 **성벽**을 나시 지었어요. 포로 생활을 마친 이스라엘 백성들이 이스라엘로 돌아왔어요. 그리고 수문 앞 광장에 모여 율법학자 **에스라**가 읽어주는 하나님의 말씀을 들었어요. "여러분, 이것은 하나님의 말씀이에요. 지금부터 제가 하나님의 말씀을 읽겠습니다."

에스라는 하나님 말씀을 읽고 그 내용을 설명해 주었어요. 그러자 갑자기 여기저기서 울음소리가 들렸어요. 하나님의 말씀을 듣고 자신들이 얼마나 많은 죄로 하나님의 마음을 아프게 했는지 깨달았기 때문이죠. 이스라엘 백성들은 하나님의 말씀을 듣고 지난 날 자신들의 잘못을 깨달았어요. 하나님을 믿지 못하고 사랑하지 못하고 이방의 신들을 더 사랑한 모습들이 죄라는 사실을 깨닫게 되었지요. 또 다른 사람의 것을 빼앗고 싸우고 사랑하지 못한 자신들의 모습이 하나님의 마음을 아프게 했다는 것을 깨달았어요. 말씀을 들은 이스라엘의 모든 사람은 하나님의 뜻대로 살지 못한 자신들의 죄를 고백하고 눈물을 흘리며 회개했어요. 또한 힘든 포로 생활에서 벗어나게 하시고 고향 땅으로 무사히 돌아올 수 있도록 돌보신 하나님께 감사했어요.

아하! 나는 성경박사!

1 이스라엘 백성들이 하나님의 말씀을 듣고 행한 행동 중 틀린 것을 찾아 고쳐보세요.

① 이스라엘 백성들이 포로로 잡혀 있는 동안 예루살렘 성전과 성벽은 무사했다. (○, ×)
② 무너진 성벽을 다시 쌓기 위해 노력하는 느헤미야를 보고 이스라엘 백성들은 무시하며 방해했다. (○, ×)
③ 이스라엘 백성들은 이웃 나라들의 방해로 성벽을 쌓는데 1년이 넘게 걸렸다. (○, ×)
④ 이스라엘로 돌아온 백성들은 에스라가 읽어주는 하나님 말씀을 들으며 눈물로 회개했다. (○, ×)

2 하나님 말씀을 들은 이스라엘 백성들은 왜 눈물을 흘렸나요? 암호를 풀어 빈 칸을 채워보세요.

〈암호힌트〉

◎	◆	♧	♥
ㄱ	ㅁ	ㅅ	ㅇ
#	+	▽	☆
ㅏ	ㅓ	ㅛ	ㅣ

꼬마 말씀사전

느헤미야 : 느헤미야는 바사(페르시아)왕의 술관원으로 지내다 예루살렘에 남아 있는 사람들이 힘들어하고 있으며, 성벽도 없는 상태라는 말을 듣고 기도한 후 왕께 간청하여, 성전을 건축하는데 필요한 지원을 약속받았어요. 힘들고 어려운 상황에서 하나님께 기도하며 52일이라는 짧은 시간 안에 성벽공사를 마쳤어요.

성벽 : 성이 쌓아졌다는 것은 이스라엘이 포로생활을 마치고 독립적인 한 나라가 되었음을 의미해요. 또한 하나님을 믿지 않는 이방 사람들과의 경계를 상징하기도 하지요.

에스라 : 하나님의 말씀을 읽고, 설명해주는 율법학자였어요. 에스라는 포로귀환을 이끌었던 지도자로, 느헤미야와 동시대에 살며 하나님의 말씀을 전하기 위해 노력했어요.

가자, 세상으로!

1 하나님의 말씀은 살아있어서, 우리를 깨닫게 하시고, 우리의 마음을 움직이십니다. 히브리서 4장 12절 말씀을 3번 읽어 보세요. 그리고 깨닫게 된 나의 잘못, 죄들을 아래 빈칸에 적어 보세요.

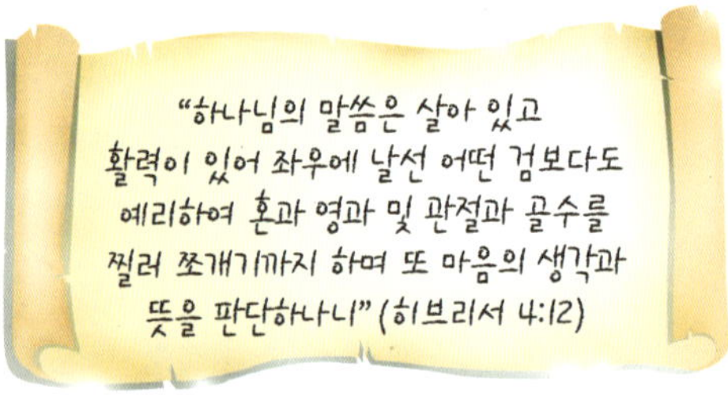

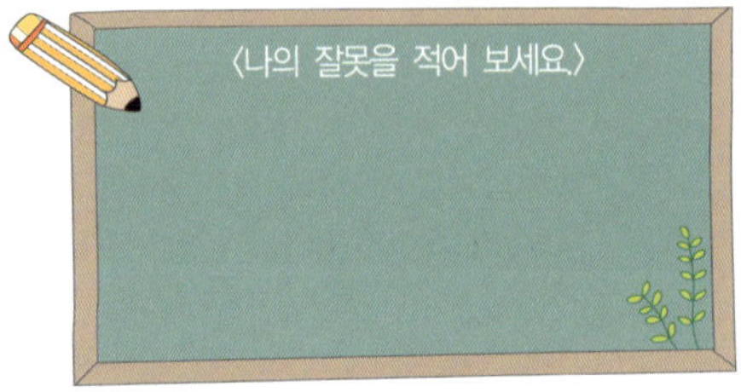

2 간단하고 재미있는 게임을 통해 아이들의 말씀생활을 점검해보는 시간을 갖도록 하자. (이 게임은 '손병호 게임' 이라고 하는 손가락 접기 게임을 응용한 것이다.)

〈진행방법〉

① 어린이들이 원을 만들어 앉고, 한 손의 다섯 손가락을 다 편다.

② 한 명씩 돌아가면서 '말씀' 과 관련된 지시문을 말한다. 그 지시문에 해당하는 사람은 손가락을 하나씩 접는다. 지시문은 다음과 같은 형식으로 말한다.

"오늘 교회 올 때 성경책 안 가져온 사람, 접어!" "오늘 전도사님 말씀제목 기억 안 나는 사람은, 접어!"
"하루에 한번 성경을 읽지 않는 사람, 접어!" "성경말씀을 한 개 이상 외우지 못하는 사람, 접어!"

③ 가장 먼저 다섯 손가락 모두 접은 친구에게는 간단한 벌칙을 준다.

④ 같은 형식으로 게임을 여러 번 진행한 후, 교사는 말씀생활에 대해 돌아보는 시간을 가진 후 기도로 마무리한다.

말씀을 생각하며 기도해요

하나님, 우리에게 하나님의 말씀을 알려주셔서 감사해요. 하나님 말씀을 통해 우리의 잘못을 깨닫고, 하나님의 사랑을 깨닫는 우리가 되기를 원해요. 하나님 말씀을 통해 하나님을 더욱 알아가고, 하나님의 뜻을 깨닫게 해주세요. 예수님의 이름으로 기도합니다. 아멘.

쉼

복되고 거룩한 날

(창세기 1:1~2:3)

쏘옥! 말씀 이야기

태초에 하나님이 천지를 창조하셨어요. 첫째 날, 하나님은 말씀으로 빛을 만드셨어요. 둘째 날, 하나님이 말씀으로 궁창을 나누어 하늘을 만드셨어요. 셋째 날, 하나님이 말씀으로 바다와 땅을 나누셨어요. 그리고 땅의 식물을 만드셨지요. 넷째 날, 하나님이 말씀으로 하늘의 빛나는 것들, 해와 달과 별을 만드셨어요. 다섯째 날, 하나님이 말씀으로 물에 사는 생물과 하늘의 새들을 만드셨어요. 여섯째 날, 하나님이 말씀으로 땅의 들짐승과 가축 같은 생물을 만드시고 또한 하나님의 모양대로 사람을 만드셨어요.

하나님은 말씀으로 6일 동안 하늘과 땅과 그 가운데 있는 모든 것을 다 이루셨어요. 그리고 7일이 되었을 때, 하나님은 모든 일을 마치시고 그 날에 **안식**하셨어요. 하나님은 창조하시던 일을 멈추시고 쉬셨어요. 그리고 지으신 모든 것을 보시고 좋다고 말씀하셨어요. 또한 하나님은 그 날을 복되게 하시고 **거룩**하게 하셨지요.

아하! 나는 성경박사!

1 하나님은 6일 동안 말씀으로 세상을 창조하셨어요. 하나님이 만드신 것들을 순서대로 찾아 번호를 순서대로 적어 보아요.

창조의 순서: ☐ - ☐ - ☐ - ☐ - ☐ - ☐

2 하나님이 세상의 모든 것을 만드시고 일곱째 날 무엇을 하셨나요? 그리고 그 날을 어떻게 구별하셨나요? 빈칸에 알맞은 말을 채워보세요.

그가 하시던 모든 일을 그치고 일곱째 날에 ○○하시니라
하나님이 그 일곱째 날을 ○되게 하사 ○○하게 하셨으니(창 2:2~3)

꼬마 말씀사전

안식 : '편안하게 쉰다'는 뜻이에요. 하나님은 안식일을 통해 사람이 하나님 앞에서 쉼을 누리고 하나님이 사람에게 베푸시는 자비를 경험할 수 있게 하셨어요(막 2:27, 3:4).

거룩 : '매우 높고 위대하다'는 뜻으로, 하나님과 관련된 모든 것은 거룩한 것이지요. 하나님을 통해 구별된 것을 나타내며, 하나님은 일곱째 날을 거룩하게 하시며 복 주셨어요.

가자, 세상으로!

1 하나님이 세상을 창조하실 때, 모든 일을 마치시고 마지막 날 쉼을 누리신 것처럼 우리도 하나님처럼 쉬어요. 일주일 동안 내가 하는 일들을 다 적어보고 내가 쉬면서 멈추어야 할 것에 ○해 보세요.

〈내가 하는 일〉

2 하나님은 안식일을 복되게 하시며 다른 날과 구별하여 거룩하게 지키라고 하셨어요. 하나님을 기억하며 감사의 예배를 드리는 우리가 준비해야 할 것은 무엇인지 생각풍선에 써보세요.

말씀을 생각하며 기도해요

하나님, 세상을 아름답게 창조하시고 친히 일곱째 날 쉬시며 그날을 복되고 거룩하게 해주셔서 감사합니다. 우리도 바쁘던 일을 잠깐 멈추고 하나님처럼 쉼을 누릴 수 있는 믿음과 여유를 주세요. 예수님의 이름으로 기도합니다. 아멘.

쉼

쉼, 모든 것이 회복돼요!

(레위기 25:8~12)

쏘옥! 말씀 이야기

"말도 안 돼! 아무 일도 하지 말라니요?"
"열심히 일을 해야만 더 많은 열매를 거둘 수 있어요. 절대 쉬면 안 돼요!"
"1년 동안 사람도 가축도 땅도 모두 쉬라니요? 그럼 우리는 뭘 먹고 살아요?"
이스라엘에는 '안식년'이라는 특별한 제도가 있었어요. 이 안식년에는 사람도 가축도 논도 밭도 모두 쉬어야 했답니다. 하나님은 걱정하고 불안해하는 이스라엘 사람들에게 여섯 째 해에는 3년을 쓰기에도 충분한 알곡을 거두게 하셨어요. 안식년에 논과 밭에서 자연스럽게 맺히는 곡식과 열매들은 외롭고 가난하고 어려운 사람들이 먹게 했답니다. 사람들은 안식년을 통해 앞으로의 시간을 살아갈 수 있는 힘을 얻었지요. 특별히 안식년 **초막절**에 모든 사람들이 모여 하나님이 행하신 일들을 기억했어요. 어린이와 외국인 그리고 종들까지 모두 모여 하나님께 예배하며 잔치를 벌였지요.
특별히 안식년이 일곱 번 지난 다음 해를 **희년**이라고 해서 기쁨의 해로 선포했어요. 희년에는 종들에게 자유를 주고, 옥에 갇힌 사람들을 용서하고 풀어주었어요. 빚진 사람의 빚을 없애주고, 사람들의 잃어버린 땅을 되찾아 주었지요. 이스라엘 사람들은 자기 혼자만 쉼을 누리지 않고 다른 사람들과 함께 쉬는 시간을 기쁨으로 보냈답니다. 이스라엘 사람들은 하나님이 베푸신 은혜를 떠올리며 기뻐하면서 하나님이 함께하실 앞으로의 날들을 기대했지요. 하나님이 주시는 쉼을 통해 사람도 가축도 땅도 모든 것을 새롭게 시작할 수 있는 힘을 얻었지요. 하나님은 쉼을 통해 모든 것들을 회복하셨답니다.

아하! 나는 성경박사!

1 하나님은 우리에게 쉼을 주셨어요. 하나님이 주신 쉼이 무엇인지 위의 말씀 이야기에서 찾아 빈칸을 채워 보세요.

하나님은 ○을 통해 우리의 지친
몸과 마음을 ○○하셔요!

2 이스라엘 사람들은 하나님이 주신 쉼을 혼자만 누리지 않았어요. 이스라엘 사람들이 안식년과 희년을 통해 하나님이 주신 쉼을 어떻게 나누었는지 확인해보세요.

안식년에 열린 알곡은
○○○ 사람들에게 주었어요.

희년에는 종과 갇힌 자에게
○○를 선포했어요.

함께 모여
○○드렸어요.

꼬마 말씀사전

초막절 : 가을 추수기 끝에 지킨 절기로 이스라엘 백성들은 이때가 되면 들에 나가 야영 생활을 하며 언제나 함께 하시는 하나님을 기억하며 하나님을 예배하였답니다.

희년 : '기쁨의 해' 라는 의미를 가지고 있어요. 구약시대에 안식년이 일곱 번 지난 다음 해, 즉 50년마다 돌아오는 복스러운 해를 가르키지요. 희년이 되면 종을 자유롭게 풀어주고, 가난해서 땅과 집을 팔았던 사람들의 땅과 집도 원래 주인에게 되돌려주었답니다. 희년은 하나님이 처음 만드신 세상처럼 모든 것이 회복되는 해이지요.

가자, 세상으로!

1 우리에게 주어진 쉬는 시간을 어떻게 보내고 싶나요? 일주일 동안 우리가 온전히 쉴 수 있는 방법들을 함께 이야기해보고, 아래 빈칸을 채워보세요.

주일 : 쉼을 주신 하나님께 감사하며 예배드려요.
월 : 가족들에게 "파이팅" 격려해주어요.
화 : ____________________
수 : 길가에 떨어져 있는 쓰레기를 주워요. 자연도 함께 쉬어요.
목 : ____________________
금 : TV나 게임 등은 NO! 마음이 쉴 수 있도록 ____________ 해요.
토 : ____________________

2 하나님의 쉼, 나의 쉼이 소중한 것처럼 우리 가족의 쉼, 친구들의 쉼, 이웃의 쉼도 소중하지요. 쿠폰을 발행해 다른 사람도 쉼을 갖도록 도와주어요. 부록자료를 이용해 쿠폰을 만들어요.

coupon	coupon	coupon
안마 1회 "피곤한 아빠를 위해 안마를 해드려요"		

쿠폰내용의 예: 자리양보하기, 신발정리하기, 산책하기, 화단에 물주기, 안마해주기, 노래불러주기 등

말씀을 생각하며 기도해요

하나님, 우리에게 쉼을 주시니 감사합니다. 쉼을 통해 우리의 지친 몸과 마음을 회복시켜주시고 우리에게 기쁨을 주시니 감사해요. 언제나 우리와 함께하시는 하나님을 기억하며 쉼을 누리게 해주세요. 쉬는 시간을 통해 하나님과 더 깊은 사귐을 나누게 해주세요. 쉬는 시간을 통해 친구들에게도 선한 일을 할 수 있도록 지켜주세요. 예수님의 이름으로 기도합니다. 아멘.

선교

예수님이 보내셨어요
(요한복음 20:18~25, 마태복음 28:16~20)

쏘옥! 말씀 이야기

부활하신 예수님을 만난 막달라 사람 마리아가 제자들에게 달려왔어요.
"예수님이 살아나셨어요."
마리아는 예수님께서 "내가 아직 아버지께로 올라가지 않았다. 이제 내 형제들에게로 가서 이르기를, 내가 나의 아버지 곧 너희의 아버지, 나의 하나님 곧 너희의 하나님께로 올라간다고 말하여라."라고 하신 말씀을 제자들에게 전해주었어요. 그 날 제자들은 **유대 사람**들이 무서워서 문을 모두 닫아걸고 있었어요. 그때 예수님께서 나타나 그들 가운데로 다가오셨지요. 예수님은 제자들에게 인사하시고, 두 손과 옆구리를 그들에게 보여 주시며 말씀하셨어요.
"너희에게 평화가 있기를 빈다. 아버지께서 나를 보내신 것 같이, 나도 너희를 보낸다." 제자들은 예수님으로 인해 힘을 얻고 기뻐하였어요. 그 후 예수님은 그들에게 숨을 불어넣으시고 이렇게 말씀하셨어요.
"성령을 받아라. 너희가 누구의 죄든지 용서해 주면, 그 죄가 용서될 것이요, 용서해 주지 않으면, 그대로 남아 있을 것이다."
얼마 뒤 제자들은 예수님을 만나기 위해 갈릴리에 있는 산으로 갔어요. 예수님은 제자들에게 나아와 마지막 말씀을 전하시고 하늘로 올라 가셨어요.
"나는 하늘과 땅의 모든 **권세**를 받았다. 그러므로 너희는 가서, 모든 민족을 제자로 삼아서, 아버지와 아들과 성령의 이름으로 세례를 주고, 내가 너희에게 명령한 모든 것을 그들에게 가르쳐 지키게 하여라. 보아라, 내가 세상 끝 날까지 항상 너희와 함께 있을 것이다."

아하! 나는 성경박사!

1 부활하신 예수님은 제자들에게 나타나셔서 다음과 같이 말씀하셨어요. 초성을 보고 예수님의 말씀을 완성해 보세요.

예수께서 또 이르시되 너희에게 ㅍㅎ이 있을지어다 ㅇㅂㅈ께서 나를 보내신 것같이 나도 ㄴㅎ를 보내노라 (요한복음 20:21)

2 예수님은 제자들을 복음을 듣고 달리는 일에 참여시키시며 다음과 같은 약속을 하셨어요. 예수님의 약속의 말씀을 찾아보세요.

꼬마 말씀사전

유대 사람 : 유대교를 믿으며 율법을 모두 지킬 의무를 가진 사람들을 말해요. 이들은 예수님을 믿지 않았어요. 그리고 율법을 중요하게 여긴 이들은 예수님이 율법을 지키지 않았다고 비난하며 십자가에 처형 당하도록 하였어요.

권세 : 예수님이 하나님으로부터 받은 모든 권력과 세력을 뜻해요. 예수님은 하늘로 올라가시며 자신이 받은 능력으로 제자들을 세상에 보내셨어요. 제자들은 예수님의 말씀대로 복음을 전했고, 온 세상에 복음이 퍼져갔어요.

가자, 세상으로!

1 예수님은 우리를 세상으로 보내셨어요. 재미있는 게임을 통해 예수님과 제자들처럼 복음을 전하기로 다짐해요.

◌ 게임방법 : ① 반별로 둥글게 앉는다.
② 첫 번째 사람이 "십자가 부활 사랑"이라고 외치며 다짐한다.
③ 두 번째 사람은 "십자가 부활 사랑" 문구를 2번 빠르게 외친다.
④ 세 번째 사람은 "십자가 부활 사랑" 문구를 3번 빠르게 외친다.
⑤ 발음이 틀리거나 더듬으면 벌칙을 받게 된다(벌칙은 인디안밥, 개인기 등 반별로 정해 진행한다).
⑥ 벌칙을 받은 사람이 방향을 정하고 다시 게임을 시작한다(예수님 복음 전파, 예수 그리스도 복음, 복음 세계 전파 등으로 문구를 바꿀 수 있다).
⑦ 3~4회 정도 반복해서 게임을 진행한다.

2 예수님은 우리에게 예수님의 이야기를 모든 사람들에게 전하라고 말씀하셨어요. 우리가 복음을 전해야 할 대상이 누구인지 생각해보고, 다음 칸에 적고 위해서 기도해요.

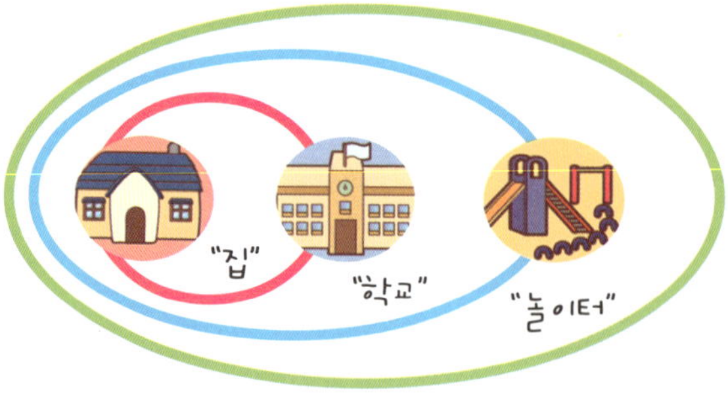

가정 : ____________________

학교 : ____________________

이웃 : ____________________

말씀을 생각하며 기도해요

우리를 구원하시려고 예수님을 보내주신 하나님, 우리가 복음을 전해 듣고 예수님을 믿게 해 주셔서 감사해요. 구원을 약속 받은 우리가 예수님과 제자들처럼 복음을 잘 전할 수 있게 도와주세요. 우리 모두가 예수님의 십자가와 부활 사랑을 믿고 따르는 참된 제자가 되게 해주세요. 예수님의 이름으로 기도합니다. 아멘.

선교

우리는 그리스도의 편지!
(고린도후서 3:1~11)

쏘옥! 말씀 이야기

바울 선생님은 고린도에 머물며 예수님을 전했어요. 그리고 다른 지역에 복음을 전하러 선교여행을 떠났지요. 그런데 이상한 말을 하는 사람들이 생겨났어요.
"하나님이 주신 율법이 최고예요. 예수를 믿을 필요가 없어요!"
"부활? 예수님의 부활은 없어요!"
"내가 바로 예수요! 내가 여러분을 구원하겠어요!"
"꼭 예수를 믿을 필요는 없어요. 다른 길로도 구원을 받을 수 있다고요!"
바울 선생님이 안 계시는 동안 거짓 선지자들이 **고린도**에 생겨났어요. 그들은 바울 선생님은 예수님의 제자가 아니며 그의 가르침은 잘못된 것이라고 주장했어요. 고린도 교회에 위기가 닥쳤어요. 고린도 교회의 소식을 들은 바울 선생님은 고린도 교회에 편지를 보냈답니다.
"여러분, 흔들리지 마십시오! 여러분은 그리스도의 편지입니다. 사람들이 여러분을 통해 하나님의 **새 언약**을 알 수 있게 하십시오!"
바울은 고린도 교회가 세상 사람들에게 보내는 예수님의 편지라고 했어요. 바울 선생님을 통해 예수님의 부활 소식을 듣고 믿은 고린도 교회 사람들 안에는 예수님을 통한 구원의 기쁜 소식이 고스란히 담겨 있다고 했어요. 이와 같이 예수님의 편지된 고린도 교회의 모습을 통해 세상 사람들이 예수님을 알게 될 것이라고 이야기했어요. 그러니 흔들리지 말고 예수님을 전하는 삶을 살라고 격려했답니다.

아하! 나는 성경박사!

1 바울의 복음을 전해들었던 고린도 교회가 거짓 선지자들로 인해 어려움에 처했어요. 바울이 전해준 예수님을 믿고 전했던 고린도 교회 사람들을 향해 바울은 이들을 뭐라고 부르며 믿음 안에 바로 서라고 힘을 주고 있나요?

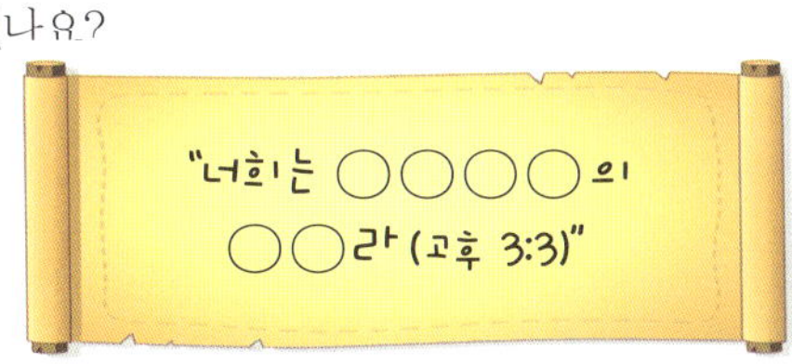

2 우리는 그리스도의 편지입니다. 이 편지를 보내는 사람과 받는 사람은 누구일까요? 이 편지에는 무슨 내용이 담겨 있는지 아래의 편지지를 채워보세요!

'To.________'
"하나님은 ○○을 사랑하십니다. 하나님은 외아들 ○○○을 세상에 보내셨습니다. 누구든지 ○○○을 믿으면 멸망하지 않고 영원한 ○○을 얻습니다."(요한복음 3:16)
'From.________'

꼬마 말씀사전

고린도 : 고린도는 그리스 반도와 대륙을 연결하는 지협 남단에 있는 지역으로, 지중해의 동서를 연결하여 상업과 물질적인 번영을 누린 도시였답니다. 많은 인종들이 모여 살고 있어 동서 문화와 종교의 혼잡을 이루기도 했지요.

새 언약 : '언약'의 원어에는 '자르다, 끊다, 새기다'라는 의미가 담겨 있답니다. 위반하면 죽음 및 관계 단절이 뒤따르는 하나님과 인간 사이의 엄격한 약속, 계약을 의미하지요. 성경에는 하나님이 아담, 노아, 아브라함, 이삭, 야곱 등과 예수님을 통한 구원을 약속하시지요. 바울 선생님은 고린도 교회에 율법이 아닌 예수님을 통한 구원의 삶, 새 언약을 말과 행동으로 전해주는 편지의 삶을 살 것을 당부했어요.

가자, 세상으로!

1 우리는 세상에 보내는 그리스도의 편지입니다. 그리스도의 편지로서 우리는 어떻게 살아가야 할까요? 각 장소에서 그리스도의 편지로 살아가기 위해 내가 할 수 있는 일들을 적어 보세요.

2 주위에 예수님을 모르는 가족이나 친구가 있나요? 그 사람을 떠올리며 복음카드를 만들어 봅시다. 복음카드(부록)를 이용해 내가 만난 구원의 예수님을 소개해보세요.

① 색지나 예쁜 편지지를 준비한다.

② 색지를 반으로 접어 카드를 만들고 겉면을 스티커나 색연필을 이용해 예쁘게 꾸민다.

③ 안쪽에 편지지로 속지를 만들고 구원의 예수님을 소개하는 내용의 편지를 적는다.

④ 편지를 받을 사람을 생각하며 기도하고 카드를 전해준다.

⑤ 부록의 복음카드 재료를 이용해 카드를 꾸밀 수 있다.

말씀을 생각하며 기도해요

하나님, 예수님을 통해 우리와 새 언약을 맺어주시니 감사합니다. 세상에 예수님을 믿고 구원 받는 사람들이 더 많아지기를 원합니다. 우리가 그리스도의 편지가 되어 예수님을 모르는 사람에게 예수님을 전할 수 있게 해주세요. 삶의 모든 자리에서 예수님을 전하는 선교사가 될 수 있도록 우리를 이끌어주세요. 우리와 함께해주시며 우리에게 용기를 주세요. 예수님의 이름으로 기도합니다. 아멘!

나눔이 필요해요

(레위기 19:9~10)

쏘옥! 말씀 이야기

이스라엘 사람들은 오랜 기간 애굽에서 나그네와 같은 삶을 살았어요. 자신들의 땅도 없었어요. 그래서 추수 때가 되면 변변한 수확물도 없었지요. 하나님은 힘들고 어려운 삶을 살던 그들을 출애굽 시켜주셨어요. 이제 하나님이 주신 자신들의 땅에서 농사를 지을 수 있게 되었어요. 그때 하나님은 이스라엘 백성들에게 이렇게 말씀하셨어요.

"너희가 너희의 땅에서 곡식을 거둘 때에 너는 밭 모퉁이까지 다 거두지 말고 네 떨어진 이삭도 줍지 말며 네 포도원의 열매를 다 따지 말며 네 포도원에 떨어진 열매도 줍지 말고 가난한 사람과 **거류민**을 위하여 버려두라 나는 너희의 하나님 여호와이니라."

하나님은 이스라엘 백성들이 애굽에서 종 되었던 때를 기억하기를 원하셨어요. 그래서 출애굽하여 새로 정착한 땅에서도 나그네와 같은 사람들, **가난한 사람**을 배려하는 삶을 살기를 바라셨지요.

수확한 모든 곡식이 내 것이 아니라 하나님의 것임을 기억하고, 어려운 사람들을 위해 남겨두라고 하셨어요. 이렇게 해서 과부와 고아와 거류민들이 와서 먹을 것을 얻을 수 있게 말이지요.

하나님은 이 모든 것들을 수확할 수 있게 하신 하나님께 감사하며, 하나님이 주신 것을 어려운 이웃들과 나누기를 원하셨답니다.

아하! 나는 성경박사!

1 이스라엘 백성에게 하나님은 뭐라고 말씀하셨나요? 위의 말씀에서 찾아 다음의 빈 칸을 채워 보세요!

"너희가 너희의 땅에서 곡식을 거둘 때에 밭 □□□까지 다 거두지 말고 네 떨어진 □□도 줍지 말며" (레위기 19:9)

"네 포도원의 열매를 다 따지 말며 네 포도원에 떨어진 열매도 줍지 말고 □□□ □□과 □□□을 위하여 버려두라 나는 너희의 하나님 여호와이니라" (레위기 19:10)

2 왜 하나님은 곡식과 포도를 남겨두라고 말씀하셨나요? 위의 말씀에서 찾아 적어 보세요.

꼬마 말씀사전

가난한 사람 : 재산, 돈을 필요한 만큼 소유하지 못하여 다른 사람의 도움을 받지 않으면 안 될 만큼 결핍을 느끼는 사람을 말해요. 지금도 그렇지만 아주 옛날에 남편을 잃은 과부와 부모를 잃은 고아와 나그네들은 생계수단이 없어서 가장 약한 소외계층에 해당되었답니다.

거류민 : 자신이 태어난 고향이나 삶의 터전을 떠나 사는 사람을 성경에서는 객, 타국인, 이방인 등으로 표현해요. 거류민은 이스라엘 사람은 아니지만 이스라엘 땅에 사는 다른 나라 사람을 말해요.

가자, 세상으로!

1 우리 주변에 나의 도움이 필요한 사람은 누가 있을까요? 어떤 도움을 줄 수 있을까요? 빈 칸에 적어보세요.

나의 도움이 필요한 사람들	어떻게 도와줄 수 있을까?
예) 준비물을 안 가져 온 친구	예) 내 준비물을 함께 쓴다. 미리 2개를 준비한다.

2 나눔 저금통을 만들어서 우리의 도움이 필요한 이웃에게 나누어 주어요.

준비물 : 테이크아웃용 1회용 컵, 시트지, 사인펜, 가위, 스티커, 셀로판테이프

활동방법

① 컵 뚜껑에 동전 들어갈 구멍을 낸 후, 뚜껑을 닫고 열리지 않게 셀로판테이프로 고정한다.
② 어린이들이 시트지, 스티커, 사인펜으로 저금통을 꾸미도록 한다.
③ 감사한 일이 있을 때마다 동전 한 개씩 넣기로 약속한다.
④ 나눔 저금통이 다 차면 교회에 가져온다.

말씀을 생각하며 기도해요

하나님, 우리에게 이웃과 나눌 수 있는 것들을 주셔서 감사합니다. 우리에게 선물로 주신 감사한 것들을 잊을 때도 많았어요. 그리고 나 혼자만 간직하고 쓸 때도 있었어요. 하나님, 이제부터 하나님이 주신 것들을 가족과 친구, 주위 사람들과 함께 나누는 어린이가 되게 해주세요. 예수님의 이름으로 기도합니다. 아멘.

나눔

예수님의 큰 나눔!

(요한복음 6:3~13, 12:24)

쏘옥! 말씀 이야기

예수님은 광야에서 많은 사람들에게 하나님나라 이야기를 전하고 계셨어요. 저녁이 되어 예수님은 제자 빌립에게 물으셨어요.

"우리가 어디에서 떡을 사서 이 사람들을 먹게 하겠느냐?"

"이 사람들에게 모두 조금씩이라도 먹게 하려면, 200 **데나리온**의 떡으로도 부족할 것입니다."

"예수님, 여기 한 아이가 **보리떡** 다섯 개와 물고기 두 마리를 가지고 있습니다. 하지만 사람이 이렇게 많은데 무슨 소용이 있겠습니까?"

예수님은 어린 아이가 가져온 떡과 물고기를 들고 감사기도를 하신 후에 사람들에게 나눠 주라고 하셨어요. 어린 아이의 작은 도시락으로 **5,000명**이 넘는 사람들이 배불리 먹고도 12 바구니나 남았어요. 예수님은 어린 아이의 작은 나눔으로 큰 기적을 행하셨어요. 이처럼 나눔은 놀라운 힘이 있어요.

예수님은 온 몸으로 나눔을 보여주셨어요. 만나는 사람들에게 하나님의 사랑을 나눠주시고, 소망과 기쁨을 나눠 주셨어요. 아픈 사람을 낫게 해주시고, 배고픈 사람에게 먹을 것을 주시고 외로운 사람들과 함께하셨어요. 무엇보다 예수님은 우리를 위해 생명을 나눠 주셨어요. 우리 죄를 대신해서 십자가를 지시고 우리에게 영원한 생명을 주셨어요. 예수님의 나눔을 통해 많은 사람이 살게 되었답니다.

아하! 나는 성경박사!

1 다음 그림을 이야기 순서대로 배열해서 ( )안에 번호를 쓰고, 이야기를 완성해 보세요.

( ) ⇨ ( ) ⇨ ( ) ⇨ ( )

2 가장 큰 나눔을 보여주신 분은 예수님이에요. 예수님이 사람들에게 나눠 준 것들을 위의 글에서 찾아서 바구니에 적어 보세요.

꼬마 말씀사전

데나리온 : 신약 시대에 널리 쓰이던 로마의 은화로, 한 데나리온은 노동하는 사람의 하루 품삯에 해당해요.

보리떡 : 예수님께서 사시던 당시에 가난한 사람들이 즐겨 먹던 값이 싼 떡을 말해요. 예수님께서는 어린이가 바친 평범한 도시락으로 많은 사람들을 먹이는 기적을 행하셨어요.

5,000명 : 이스라엘 사람들은 사람 수를 셀 때 여자와 어린이는 제외시켰어요. 남자 어른만을 센 숫자입니다.

가자, 세상으로!

1 어린이가 예수님께 드린 작은 도시락으로 큰 나눔이 일어났어요. 내가 나눌 수 있는 것, 나눠 주고 싶은 것을 도시락 안에 적어 보세요.

2 나눔과 관련 있는 단어가 있어요. 아래의 단어들을 사용하여 나눔이란 무엇인지 문장을 완성하고, 나누며 살 것을 다짐해 보세요.

하나님 사랑 감사 은혜 받다 베풀다 전하다

나눔이란,

말씀을 생각하며 기도해요

하나님, 우리에게 예수님을 보내주셔서 감사해요. 우리에게 모든 것을 나눠주시고 영원한 생명도 주시니 감사해요. 우리도 하나님께 받은 은혜에 감사하며 우리의 것을 나눌 수 있게 해주세요. 작은 나눔부터 시작할 수 있는 용기를 주시고, 사랑하는 마음으로 나누는 우리가 되게 해주세요. 예수님의 이름으로 기도합니다. 아멘.

하나님은 주인, 나는 청지기!
(시 24:1, 창 1:27~28, 출 19:5)

쏘옥! 말씀 이야기

맨 처음 세상을 만드신 하나님은 사람에게 말씀하셨어요.
"얘들아, 너희는 온 땅에 가득하게 될 거야. 그러니까 세상을 잘 돌보고 다스리렴!"
창조주 하나님은 사람에게 세상을 잘 관리하라고 명령하시며 청지기의 책임을 주셨지요.
시간이 흐르고 흘러 애굽의 포로 생활을 마친 이스라엘 백성이 **애굽**을 떠난 지 3개월이 되던 날, 하나님께서는 시내 광야에서 이스라엘 백성과 **언약**을 세우셨어요.
하나님의 백성이 된 이스라엘 사람들에게 하나님의 백성답게 살아가라고 말씀하셨죠.
"나의 백성들아, 세계가 다 내게 속해 있으니 너희는 나의 말을 잘 듣고 나의 언약을 지켜라! 그러면 너희는 모든 민족 가운데 나의 보물이 될 것이다! 온 세상은 다 나의 것이다. 그러므로 너희는 내가 선택한 백성이 되고 제사장 나라, 거룩한 민족이 될 것이다!"
이스라엘 백성은 하나님의 백성으로, 하나님의 뜻에 따라 사는 청지기로 살아갈 것을 하나님과 약속했어요. 하나님은 하나님의 말씀을 따르는 사람들을 하나님의 보물, 하나님의 백성, 하나님의 제사장으로 삼겠다고 약속하셨어요.
땅도, 바다도, 하늘도 그 가운데 있는 모든 것도 하나님의 것이에요. 온 세상의 창조주이시자 주인이신 하나님은 우리를 청지기로 삼으시고, 이 모든 것을 잘 관리하도록 맡겨주셨어요.

아하! 나는 성경박사!

1 창조주 하나님은 맨 처음 세상을 만드시고 사람에게 무엇을 명령하셨나요? 창세기 1장 28절 말씀을 찾아 아래 말풍선에 하나님의 명령을 적어 보세요.

"생육하고 번성하여 땅에 ________ 하라,
땅을 정복하라, 바다의 물고기와
하늘의 새와 땅에 움직이는
모든 생물을 ________" (창 1:28)

2 창조주 하나님께 세상에 번성하여 세상을 다스리며 잘 관리하라는 명령을 받은 사람을 무엇이라고 하나요? 아래 빈칸을 채워보세요.

"온 세상의 주인이신 하나님이 우리를 ○○○로 부르셨어요!"

꼬마 말씀사전

애굽 : 검은 땅이라는 뜻을 가지고 있어요. 나일강 유역, 특히 하류의 삼각주에 번영한 세계 최고의 문명 발상지로 지금의 이집트랍니다.

언약 : 말로 약속하는 것, 또는 그런 약속을 뜻해요. 성경에서는 하나님과 인간 사이의 엄정한 약속, 계약을 의미합니다.

가자, 세상으로!

1 우리는 하나님의 청지기입니다. 하나님의 청지기가 되어 하나님이 주신 것들을 잘 관리하며 살겠다고 다짐하면서 서약서를 적어 보세요.

청지기 서약서

나는 하나님의 청지기입니다. 하나님의 백성답게 살아가겠습니다.
하나님의 뜻을 생각하며 하나님이 맡겨주신 것들을 잘 관리하겠습니다.
나는 하나님을 기쁘시게 하는 청지기가 되겠습니다.

20__년 _월 _일, 하나님의 청지기 ______________ (사인)

2 하나님의 청지기로 내가 잘 관리해야 하는 것들이 무엇이 있나요? 게임을 하며 자신이 잘 관리해야 할 것들을 이야기해 보세요.

① 청지기로서 자신이 관리해야 할 항목들을 함께 이야기한다.
예 : 친구, 시간, 자연, 재능, 물질, 용돈, 전기, 말, 관계, 수돗물, 에너지, 자연, 달란트 등

② "~에 가면" 게임 운율에 맞춰, "청지기가 되어"라고 다 같이 외치고, 오른쪽으로 돌아가면서 한 사람씩 관리해야 하는 것을 외친다.

③ 첫 번째 사람이 "청지기가 되어 친구를 관리하고"라고 하면, 두 번째 사람은 "친구를 관리하고, 시간을 관리하고", 세 번째 사람은 "친구를 관리하고, 시간을 관리하고, 자연을 관리하고" 등으로 하나씩 덧붙여 말한다.

④ 순서를 바꿔 말하거나, 빠뜨려 말한 사람은 건너뛰고, 가장 최후까지 남는 어린이에게 간단한 선물을 준다.

⑤ 반끼리 진행하거나, 반대표 2명씩 뽑아서 반대항으로 진행할 수도 있다.

말씀을 생각하며 기도해요

온 세상을 창조하신 하나님을 찬양합니다. 하늘과 땅과 그 가운데 있는 모든 것이 하나님의 것입니다. 하나님이 온 세상의 주인이심을 고백합니다. 하나님이 우리를 청지기로 불러주셨으니 하나님의 뜻에 따라 하나님이 우리에게 주신 것들을 잘 관리하며 살겠습니다. 우리가 청지기임을 잊지 않고 살아가며 하나님을 기쁘시게 할 수 있도록 우리를 지켜주세요. 예수님의 이름으로 기도합니다. 아멘.

각자의 은사로 교회를 섬겨요
(사도행전 16:12~15)

쏘옥! 말씀 이야기

바울과 실라가 2차 전도여행을 떠났어요. 사도 바울은 환상을 통해 **계시**를 받고 아시아로 가려던 계획을 바꿔 마케도니아 지역으로 향했지요. 바울로서는 가슴 설레는 첫 유럽 전도여행이었어요. 마케도니아 지역의 첫 관문이자 가장 큰 성인 빌립보에 도착한 바울은 기도하고 설교할 장소를 찾던 중 강변으로 갔어요. 그리고 강변에 모여 기도하던 한 무리의 여인들을 보고 복음을 전했어요. 그 가운데 루디아라는 여인도 있었어요.
"예수님을 믿으세요. 그 분은 하나님의 아들로 우리를 사랑하셔서 이 땅에 오셨고 우리의 죄를 사하기 위해 십자가에 못 박혀 죽으셨습니다."
바울로부터 예수님의 십자가 복음을 접한 루디아는 뜨거운 가슴으로 예수님을 영접했어요. 유럽 땅 빌립보에 공식적으로 첫 교인이 탄생한 것이지요. **자색 옷감** 장수 루디아는 하나님이 자신에게 주신 천 만드는 은사로 많은 돈을 벌었고, 그 돈으로 하나님의 교회를 위해 헌신했어요. 자신의 집을 모임 장소로 제공했고, 사도 바울과 함께 유럽 땅 마케도니아에 주님의 교회를 세우기도 했어요. 하나님이 주신 재능과 재물로 하나님의 교회를 섬겼어요.
루디아는 빌립보교회 사람들과 사도바울을 섬기며 빌립보교회가 하나님의 교회로 온전히 성장할 수 있도록 열심히 노력했어요. 루디아는 하나님이 주신 은사들을 통해서 초대교회가 더욱더 튼튼하게 세워질 수 있도록 도왔던 하나님의 성실한 청지기였어요.

아하! 나는 성경박사!

1 다음 그림을 보고 오늘 성경 이야기의 순서에 맞게 그림 아래에 숫자를 적고, 이야기를 만들어 보세요.

(　　　)

(　　　)

(　　　)

(　　　)

2 루디아는 청지기로서 하나님이 맡겨주신 은사들을 가지고 이웃과 교회를 섬겼어요. 루디아에게 어떤 은사가 있는지 찾아보고 청지기로서 그것들을 어떻게 사용했는지 적어 보세요.

〈루디아의 은사〉

〈어떻게 사용했나요?〉

꼬마 말씀사전

계시 : 보이거나 알 수 없도록 감추어진 것을 드러내 보여주는 것을 의미해요. 하나님은 하나님의 뜻과 방법, 계획 등을 우리가 알 수 있도록 알려주시고 보여주세요. 하나님의 계시는 성경말씀과 주변 환경과 사람들의 이야기를 통해서 들을 수 있어요.

자색 옷감 : 루디아가 살던 당시에 천을 자주색으로 염색하는 기술은 매우 복잡하고 어려웠기 때문에 자색 옷감은 매우 비싼 물건이었어요. 자주색은 왕족이나 귀족 등 상류층 사람들이 주로 입는 색이었어요. 루디아는 이런 자색 옷감을 만들어 팔며 이웃과 교회를 도와주었어요. 자신의 은사와 물질을 통해 교회를 섬겼어요.

가자, 세상으로!

1 루디아는 하나님이 주신 은사들을 가지고 교회를 섬겼어요. 하나님이 나에게 주신 은사들을 가지고 교회를 섬겨보아요. 내가 가진 은사로 '은사 활동 계획서' 를 만들어 보세요.

은사 활동 계획서

이 름	루디아	
인적사항	빌립보교회 봉사부	교회 부
활동기간	바울사도와 함께 한 B.C.	20 년 ~ 년
은 사	천 만드는 재능, 섬기는 은사, 사람들을 세워주는 은사	
활동장소	빌립보교회, 천 가게	
활동내용	헌금, 교회 봉사, 안내, 섬김 등	

위와 같이 하나님의 청지기로서 하나님이 주신 은사를 가지고
은사활동을 하고자 계획서를 제출합니다.
20___년 ___월 ___일 성 명 : ______________ (인)

2 하나님이 나와 우리 친구들에게 맡겨주신 은사들은 참 다양해요. 우리반 친구들의 은사를 발견해주고, 서로 격려하는 시간을 가져보아요.

① 친구들이 가지고 있는 은사를 빈칸에 이름과 함께 적는다. 예 : 김아인 – 피아노연주, 문온유 – 친구 즐겁게 해주기
② 한 명씩 돌아가며 친구의 이름과 그 친구가 가진 은사들을 불러준다.
③ 가장 먼저 3줄을 다 지운 친구는 "은사빙고"를 외친다.

말씀을 생각하며 기도해요

하나님, 우리들에게 다양한 은사들을 맡겨주셔서 감사해요. 하나님께서 맡겨주신 우리의 은사들을 나만을 위해서 쓰는 것이 아니라 이웃과 교회를 섬기는 데 사용할 수 있도록 도와주세요. 그래서 루디아가 초대교회를 섬긴 것처럼 성실한 청지기로 살게 해 주세요. 예수님의 이름으로 기도합니다. 아멘.

약속

약속을 지켜주셨어요

(마1:21~23)

쏘옥! 말씀 이야기

하나님은 하나님의 형상을 닮은 아담을 만드시고, 그의 아내인 하와도 만들어 주셨어요. 그리고 아름다운 낙원인 에덴동산에서 살면서 하나님이 만드신 모든 것들을 다스리며 행복하게 지내도록 허락해주셨어요. 그리고 반드시 지켜야 할 약속 한 가지를 주셨어요. 바로 선악을 알게 하는 **선악과**를 먹지 않는 것이었어요. 하지만 아담과 하와는 뱀의 유혹에 빠져서 하나님이 금지하신 선악과를 먹고, 하나님의 사랑에서 스스로 멀어졌어요. 하나님은 너무 마음이 아프셨지만, 하나님이 약속하신 말씀대로 사람들을 에덴동산에서 쫓아내셨어요. 그리고 하나님의 말씀대로 사람들에게 죽음이 찾아왔어요.

사람들은 하나님의 사랑을 외면하고 배신했지만 하나님의 사랑은 계속되었어요.

하나님은 선지자들을 보내셔서 그들을 죄에서 구원하시고, 다시 하나님의 품으로 돌아오게 하실 메시야를 보내겠다는 약속의 말씀을 주셨어요. 친히 징조를 보여주신다고 하셨어요. 하나님은 우리가 그 메시야를 통하여 하나님의 사랑의 품으로 다시 돌아올 수 있게 하셨어요. 그리고 마침내 이스라엘 **베들레헴** 작은 마을에서 하나님의 약속대로 아기 예수님이 태어나셨어요. 하나님의 사랑의 약속이 이루어진 거예요. 언제나 우리와 함께 하시는 임마누엘의 예수님이 오셨어요.

아하! 나는 성경박사!

1 이사야 선지자가 하나님의 사랑의 품으로 다시 돌아올 수 있는 길을 우리에게 전해주었어요. 빈칸엔 알맞은 말을 넣어보세요.

2 다음 그림을 보고 순서대로 번호를 적어 보세요. 그리고 약속의 예수님이 오신 이유를 이야기해 보세요.

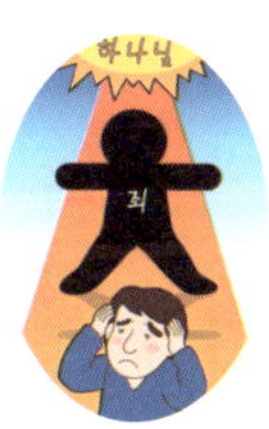

(　　　)

(　　　)

(　　　)

(　　　)

꼬마 말씀사전

선악과 : 하나님이 창조하신 에덴동산의 중앙에 있었던 나무의 열매로 하나님께서는 아담과 하와에게 이것을 먹으면 죽게 될 것이라고 말씀하셨어요. 하지만 뱀의 유혹에 넘어간 하와와 아담은 결국 선악과를 먹고, 약속의 땅에서 쫓겨나게 됩니다.

베들레헴 : 하나님의 구원의 약속으로 보내주신 예수 그리스도가 태어난 마을로, 예루살렘에서 남쪽에서 멀리 떨어진 유다 광야 끝에 위치하며 예루살렘으로 가는 길에 위치해 있어요.

가자, 세상으로!

1 우리는 하나님의 사랑을 외면했지만 하나님은 우리를 구원해주실 임마누엘 예수님을 약속해주셨어요. 하나님의 약속을 기억하며 약속 말씀 책갈피를 만들어 들고 다녀요.

준비물 : A4색지, 펀치, 펜, 금색끈, 손코팅지, 약속말씀 책갈피(부록)

활동방법

① 색지에 이사야 7:14 말씀을 적고, 어린이 숫자대로 프린트하고 펀치로 구멍을 뚫는다.

② 색지 뒷면에 하나님의 약속을 믿는 어린이의 이름을 적고, 손코팅지로 코팅을 한다.

③ 구멍에 금색끈으로 매듭을 짓는다. 부록의 약속말씀 책갈피를 사용할 수도 있다.

그러므로 주께서 친히 징조를 너희에게 주실 것이라 보라 처녀가 잉태하여 아들을 낳을 것이요 그의 이름을 임마누엘이라 하리라 (이사야 7:14)

2 하늘로 올라가신 예수님은 이 세상에 다시 오시겠다고 약속하셨어요. 하나님과의 약속을 늘 기억하며 지키겠다고 다짐하는 시간을 가져보아요. 증인은 같은 반 친구나 선생님이 되어주세요.

대한민국 ________교회에 다니는 ________는 하나님이 약속으로 ________을
보내주실 때까지 믿음을 잃지 않고, 성실히 예배하며 하나님을 사랑할 것을 서약합니다.

________년 ____월

서약자 ____________(인)　　증 인 ____________(인)

말씀을 생각하며 기도해요

하나님 아버지, 우리에게 하나님의 사랑으로 약속해주시고, 또 약속을 지켜주셔서 감사합니다. 우리가 하나님의 사랑을 믿지 못하고, 하나님의 사랑에 관심을 갖지 않을 때가 많았습니다. 하나님, 용서해 주세요. 이제부터는 하나님이 나를 사랑해주심을 느끼고, 약속을 지켜주시는 분임을 믿으며 살아가도록 도와주세요. 예수님의 이름으로 기도합니다. 아멘.

약속을 이루신 예수님을 전해요!
(누가복음 2:14~20)

쏘옥! 말씀 이야기

깜깜한 밤, 목자들이 들에서 지내며 양 떼를 지키고 있었어요. 갑자기 눈부신 빛이 비추더니 천사가 그들에게 나타났어요. 목자들은 무척 두려웠지만 곧 천사가 그들을 안심시켰어요. "두려워하지 말아라. 나는 온 백성에게 큰 기쁨이 될 소식을 너희에게 전하여 준다. 오늘 다윗의 동네에서 너희에게 **구주**가 나셨으니, 그는 곧 그리스도 주님이시다. 너희는 한 갓난아기가 포대기에 싸여, 구유에 뉘어 있는 것을 볼 터인데, 이것이 그가 구주이심을 너희에게 나타내는 표징이다." 그리고 천사와 더불어 많은 하늘 군대가 나타나서, 하나님을 찬양하여 말했어요. "더없이 높은 곳에서는 하나님께 영광이요, 땅에서는 주님께서 좋아하시는 사람들에게 평화로다."
천사들이 목자들에게서 떠나 하늘로 올라간 뒤에, 목자들이 서로 말하였어요. "베들레헴으로 가서, 천사가 우리에게 알려주신 일이 일어난 그 일을 봅시다."
그들은 급히 베들레헴으로 달려가 마리아와 요셉과 구유에 누워 있는 아기를 만났어요. 그리고 이 아기에 관하여 자기들이 들은 말을 사람들에게 알려 주었지요. 이것을 들은 사람들은 모두 목자들이 그들에게 전해준 말을 이상히 여겼어요. 그러나 마리아는 이 모든 말을 고이 간직하고, 마음속에 곰곰이 되새겼어요. 목자들은 자기들이 듣고 본 모든 일이 자기들에게 일러주신 그대로임을 알고, 돌아가면서 하나님께 영광을 돌리며 그를 **찬미**하였답니다.

아하! 나는 성경박사!

1 천사가 목자들에게 구원의 약속이 이루어졌음을 전해주었어요. 빈칸에 알맞은 말을 넣으세요.

오늘 다윗의 동네에 너희를 위하여
○○가 나셨으니 곧 그리스도 주시니라
(누가복음 2:11)

2 천사의 이야기를 듣고 예수님을 찾아가 만난 목자들은 그림과 같이 행동했어요. 목자들의 행동을 보기에서 모두 찾아보세요.

① 실망하고 비난했다.
② 두려워서 숨었다.
③ 기뻐하며 하나님께 영광을 돌렸다.
④ 찬양하며 예수님을 전했다.
⑤ 무덤덤하게 돌아갔다.

꼬마 말씀사전

구주 : 구세주와 같은 말로, 세상의 악이나 위험으로부터 인류를 구원하는 주인이라는 뜻이에요. 예수 그리스도를 이르는 말이지요.

찬미 : 믿음의 대상인 '주', '주님'을 높이는 것을 나타내요. 특히 음악으로 하나님을 찬양하는 것도 포함하고 있답니다.

가자, 세상으로!

1 크리스마스에 나를 가장 설레게 하는 것은 무엇인가요? 그리고 우리가 가장 기억하고 축하해야 할 것은 무엇인가요? 보기 속 그림에서 찾아 빈칸에 넣어보세요.

나를 가장 설레게 하는 것은 ____________________이다.

우리가 가장 기억하고 축하해야 할 것은 ____________________이다.

2 구원의 약속을 이루기 위해 오신 예수님을 기뻐하고 축하하는 성탄절을 앞두고 친구들에게 카드를 전해 이 기쁜 소식을 전해 봐요.

준비물: 머메이드지, 장식리본, 반짝이 풀, 부록

만드는 방법: ① 아래와 같이 도안된 머메이드지에 예수님의 기쁜 소식을 전하는 글을 쓴다.
② 머메이드지의 4모서리를 접어 올린 후 엇갈려 포갠다.
③ 반짝이 풀로 장식한 후 리본을 달아 마무리한다.
④ 부록의 성탄카드 재료로 카드를 만들 수 있다.

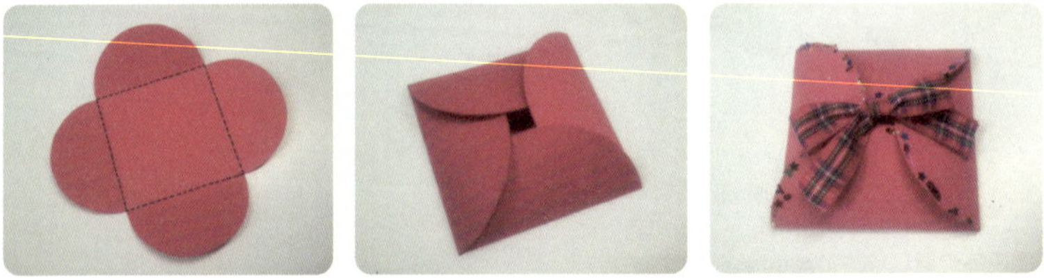

말씀을 생각하며 기도해요

우리에게 구원을 약속하신 하나님, 아기 예수님을 우리에게 보내주셔서 감사합니다. 목자들에게 가장 기쁜 소식이었던 예수님의 탄생이 우리에게도 자랑이며 기쁨이 되게 하여주세요. 목자들처럼 하나님에게 영광 돌리며 찬양으로 예수님을 전하는 어린이가 되게 해주세요. 예수님의 이름으로 기도합니다. 아멘.

쉼 12쪽 쉼 쿠폰

선교 16쪽 복음 카드 재료

약속 26쪽 약속말씀 책갈피

그러므로 주께서 친히 징조를 너희에게 주실 것이라
보라 처녀가 잉태하여 아들을 낳을 것이요
그의 이름을 임마누엘이라 하리라 (이사야 7:14)

약속 28쪽 성탄 카드

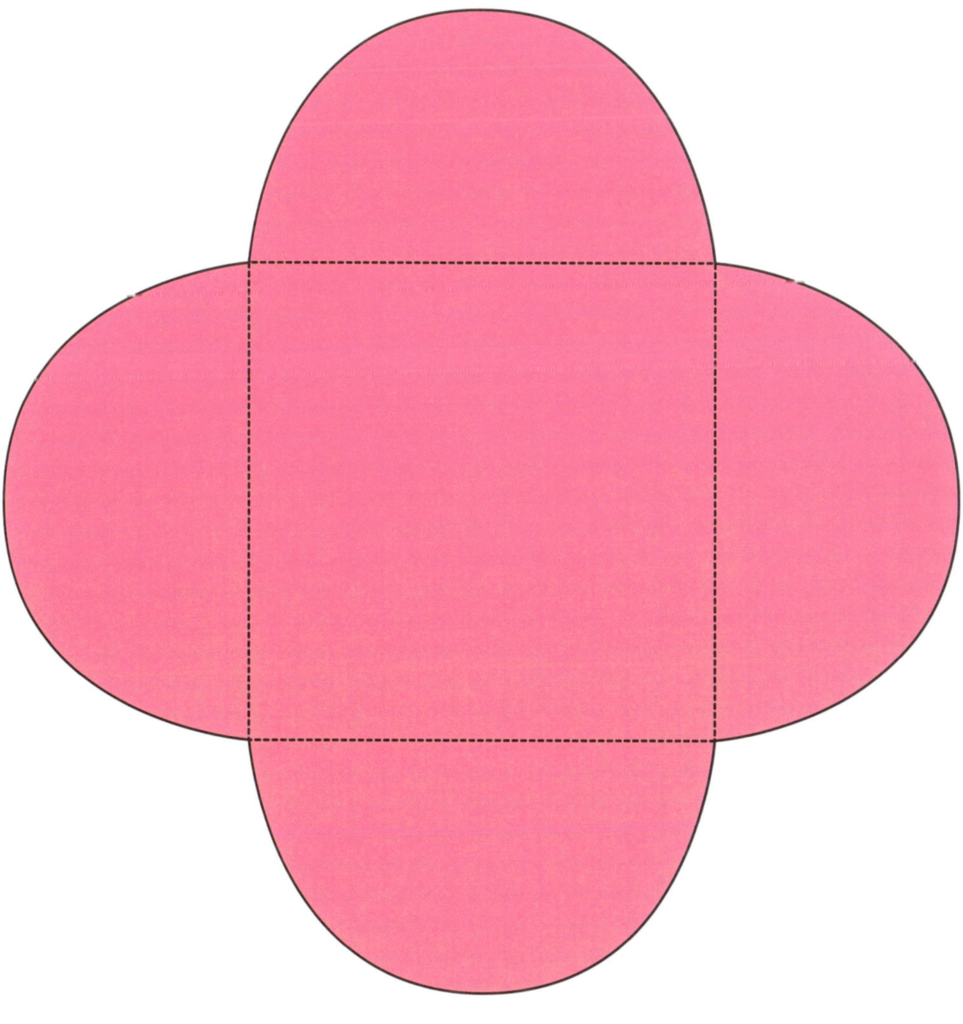